モバイルセキュリティ&アプリ保護

デジタル侵入者からスマートフォン、アプリ、メッセージを守る方法

ジョー・コレア著

発行：Live Stronger Faster

本書は教育および情報提供のみを目的としています。著者および出版社は、法的、財務的、またはその他の専門的な助言を提供するものではありません。財務上の意思決定を行う前に、資格を有する専門家にご相談ください。

初版

目次

はじめに

デジタル時代において、あなたのスマートフォンは単なる電話ではありません。それはカメラであり、財布であり、メッセージの中心であり、旅行ガイドであり、健康管理ツールであり、あなたの個人および仕事に関するほぼすべての情報へのアクセス手段です。そのため、サイバー犯罪者、データ収集業者、そして侵入的なアプリにとって非常に魅力的な標的となっています。そして多くの人は外出時に玄関の鍵をかけるにもかかわらず、最も頻繁に使用するデバイスに対して同じレベルのセキュリティ意識を持つことはほとんどありません。

本書は、あなたのモバイルライフを守るための完全ガイドです。iPhone、Android、タブレットのいずれを使用していても、技術的な専門知識がなくても実践できる、デバイス・アプリ・データを保護するための明確でわかりやすいフレームワークを提供します。暗号化、アプリの権限設定、安全なメッセージング、モバイルVPNに至るまで、脆弱性を大幅に減らすための重要な設定や機能、ツールを順を追って解説します。

また、多くの人が気づいていない重大な脅威にも光を当てます。例えば、偽アプリ、権限の過剰取得、Bluetoothを利用した攻撃、位置情報の追跡、そして無料Wi-Fiに潜むリスクなどです。各章には、実際の事例、専門家のアドバイス、そしてすぐに活用できる最新のセキュリティツールが満載です。

本書を読み終える頃には、モバイル攻撃がどのように行われるのか、どのように警告サインを見抜くのか、そして最も重要なこととして、それらを未然に防ぐ方法を理解できるようになります。メッセージの保護、機密文書の安全管理、よくある落とし穴の回避、そしてモバイルプライバシーの主導権を取り戻す方法を学ぶことができます。

あなたが親であっても、旅行者であっても、起業家、フリーランス、学生、あるいは単に外出先での生活が多い人であっても、本書はどのような環境でもあなたのデジタル世界をしっかりと守るための自信と知識を与えてくれます。

それでは、第1章「モバイルサイバー犯罪の真の危険性」から始めましょう。なぜスマートフォンのセキュリティが玄関の鍵と同じくらい重要なのかを理解していきます。

第1章:モバイルサイバー犯罪の真の危険性

ほとんどの人は、自分の人生のすべてをポケットの中に持ち歩いています。しかし、それに伴うリスクを本当に理解している人はほとんどいません。スマートフォンは人間の脳の延長のような存在となり、パスワード、個人の写真、会話、金融アプリ、健康データ、位置履歴、さらには指紋や顔認証といった生体情報まで保存しています。そのため、モバイルデバイスはサイバー犯罪者、個人情報窃盗犯、デジタルスパイにとって最も魅力的な標的となっています。しかし脅威は、暗い部屋でコードを書くハッカーだけではありません。より深刻な危険は、合法的で見えにくく、日常的に使っているアプリの中に組み込まれていることが多いのです。

まず基本的な事実から理解しましょう。あなたのスマートフォンは常にデータを発信しています。GPSによる位置情報、Bluetooth信号、Wi-Fi接続要求、モバイル広告IDなど、あなたのデバイスは絶えずネットワークや周囲の機器と通信しています。このデータは収集され、保存され、分析され、アプリ開発者や広告会社、あるいは悪意のある第三者によって利用される可能性があります。多くの人は、「無料」の懐中電灯アプリや天気アプリでさえ、連絡先やマイク入力、使用状況を収集するスパイウェアが組み込まれている可能性があることに気づいていません。

最も一般的で見過ごされがちな危険の一つが「権限の拡張(パーミッションクリープ)」です。これは、アプリが最初は基本的な機能へのアクセス(位置情報や写真など)だけを求めていたにもかかわらず、時間が経つにつれてより侵入的な権限を要求するようになる現象です。例えば、単純なメモアプリが突然マイクやカメラ、カレンダーへのアクセスを求めることがあります。多くのユーザーは深く考えずに「許可」をタップしてしまいますが、これにより会話の盗聴や写真の撮影、機密ファイルへのアクセスがバックグラウンドで行われる可能性があります。

さらに、偽アプリの脅威も存在します。これは正規のアプリを装った悪意のあるソフトウェアであり、特にサードパーティのアプリストアで多く見られます。例えば、銀行アプリに見える偽アプリは、ログインを助けるどころか、ユーザー名やパスワードを盗み取ります。一度インストールされると、2段階認証コードの傍受やメッセージの読み取りなどを密かに行うことができます。

公共のWi-Fiも大きなリスクです。「中間者攻撃（Man-in-the-Middle）」と呼ばれる手法では、攻撃者が「Free_Wifi」や「Starbucks_Guest」といった名前の偽アクセスポイントを設置します。そこに接続すると、ログイン情報、クレジットカード番号、メールなど、すべての通信内容が盗み見られる可能性があります。

Bluetoothも安全とは限りません。BlueBorneやBlueSnarfingのような攻撃では、Bluetooth接続を通じてファイルや連絡先が盗まれたり、デバイスが乗っ取られたりする可能性があります。特に空港やイベント会場のような人の多い場所では、Bluetoothをオンにしているだけでリスクが高まります。

また、モバイル端末はソーシャルエンジニアリング攻撃の入り口にもなります。SMSを使ったフィッシング（スミッシング）やメッセージアプリ経由の詐欺リンクは、正規の通知と見分けがつきにくく、クリックするだけでマルウェアに感染したり、偽サイトに誘導されて情報を盗まれることがあります。

さらに、iOSやAndroidといったモバイルOSも完全ではありません。セキュリティ機能は存在しますが、古いソフトウェアや未修正の脆弱性を利用されることで突破される可能性があります。一度侵害されると、デバイスは監視ツールとなり、入力情報やパスワードがすべて盗まれる危険があります。

要するに、スマートフォンは極めて価値の高いデータの宝庫です。そのため、常に狙われ続けています。しかし、防御手段がないわけではありません。本書の次の章では、アプリの権限管理、暗号化、安全な通信手段、VPNなど、具体的な対策を詳しく解説していきます。

覚えておいてください。財布やパスポート、日記を公共の場に置きっぱなしにしないのと同じように、デジタルでも同じ意識を持つ必要があります。あなたのスマートフォンは、それらすべて以上の価値を持っているのです。

カルロスのモバイルサイバー犯罪ストーリー

カルロスはメキシコシティでの出張を終え、ニューヨークのJFK空港に到着しました。空港内を移動しながら、彼はスマートフォンでメールを確認し、Uberを呼び、無事に到着したことを妻に知らせました。いつも通りの忙しい月曜日――のはずでした。

Uberに乗り込んだとき、彼は銀行アプリからログアウトされていることに気づきました。軽い不具合だと思い、再度ログインを試みます。しかし、パスワードが通りません。何度試しても失敗。数時間前に使ったばかりなのに、なぜ？

続いてメールを確認すると、「パスワードが変更されました」という通知が表示されます。その瞬間、嫌な予感が走りました。

その後、彼のスマートフォンは次々と通知を鳴らし始めます。クレジットカードで1500ドルの不正利用。Apple　IDへの不審なアクセス。クラウドストレージへの侵入。彼はまだ空港を出ていないにもかかわらず、デジタル上の生活は崩壊し始めていました。

原因は3日前。メキシコシティのカフェで、彼は無料Wi-Fiに接続していました。しかしそのネットワークは偽物で、近くにいたハッカーが通信を盗み見ていたのです。さらに、偽のシステムアップデートをインストールさせられ、マルウェアに感染していました。

そのマルウェアはキーロガーと遠隔操作ツールを含んでおり、カルロスのすべての行動が監視されていました。JFKで再びWi-Fiに接続した瞬間、盗まれたデータが攻撃者に送信されたのです。

その後、カルロスはパスワードの変更やカードの停止など対応に追われましたが、被害はすでに拡大していました。

彼は後に専門家から、自分の行動のどこに問題があったのかを学びました。そして二度と同じ被害に遭わないよう、セキュリティ対策を徹底するようになりました。

カルロスの物語は特別なものではありません。これは現代社会における典型的な警告です。本書は、こうしたリスクを理解し、正しい知識と習慣、そして適切なツールによって自分自身を守るために存在しています。

第2章:アプリの権限を理解し、それがどのようにあなたを悪用するのか

新しいアプリをインストールするたびに、あなたはさまざまな権限の許可を求められます。ナビゲーションアプリが位置情報を必要としたり、カメラアプリがカメラへのアクセスを求めたりするのは当然のことです。しかし、懐中電灯アプリがマイクへのアクセスを要求したり、写真編集アプリが連絡先を求めたりしたらどうでしょうか。実は、アプリの権限はモバイルセキュリティの中でも最も見落とされやすく、同時に最も悪用されやすい要素の一つです。

権限とは、アプリとスマートフォンの内部機能をつなぐ「橋」のようなものです。位置情報、マイク、カメラ、カレンダー、メッセージ、写真、通話履歴、生体認証データ、ストレージ、さらには画面の動きまで、さまざまな情報へのアクセスが含まれます。これらの権限は、誤用されれば監視やデータ盗難への入り口となります。それにもかかわらず、多くの人は何も考えずに「許可」をタップしてしまい、場合によっては「常に許可」を選択してしまいます。

では、これらの権限がどのように悪用されるのかを見ていきましょう。一見無害に見えるアプリが位置情報へのアクセスを要求し、その移動データを広告会社に販売することがあります。また、クリップボードの履歴を収集するアプリもあり、コピーしたパスワードやクレジットカード情報が盗まれる可能性があります。SMSへのアクセスを要求

するアプリは、認証目的を装いながら、実際には二段階認証コードを傍受したり、連絡先にスパムを送信することもあります。

さらに、マイクやカメラへのアクセスは特に危険です。これらの権限を持つアプリは、ユーザーの知らないうちに録音や撮影を行う可能性があります。モバイルOSは通常これらの権限を明示的に求める仕組みになっていますが、古いデバイスや改造された端末ではその制限が回避されることもあります。正規のアプリであっても、「分析」の名目でバックグラウンドでユーザーの行動を記録していた事例もあります。

また、アプリの権限は時間とともに変化することがあります。最初は最小限の権限しか持っていなかったアプリが、アップデート後に追加のアクセスを要求することがあります。自動更新を有効にしている場合、この変化に気づかないまま、より多くの個人情報が共有されてしまう可能性があります。これは「権限の拡張(パーミッションクリープ)」と呼ばれ、非常に一般的な現象です。

では、どのようにしてコントロールを取り戻せばよいのでしょうか。まず、すべてのアプリの権限を手動で確認することから始めましょう。Androidでは「設定 > プライバシー > 権限マネージャー」、iOSでは「設定 > プライバシーとセキュリティ」から確認できます。不自然な権限はすべて無効にするべきです。

さらに、権限を監視するツールを活用するのも効果的です。一時的な権限付与を可能にするアプリや、トラッキングをブロックするツールを使うことで、データの流れを可視化し制御できます。また、アプリのインストール時には公式ストアを利用し、開発者情報やレビュー、ダウンロード数を確認することが重要です。

また、同じ機能を持つアプリでも、より少ない権限で動作する代替アプリを選ぶことも重要です。人気があるからといって安全とは限りません。必要以上の権限を求めないアプリを選ぶことで、リスクを大幅に減らすことができます。

さらに、バックグラウンドでの動作を制限する設定も有効です。これにより、アプリがあなたの知らない間に位置情報を追跡したり、データを送信するのを防ぐことができます。

最終的に最も重要なのは「意識」と「習慣」です。定期的にアプリを見直し、不要なものを削除し、不審な権限をチェックすることが、デジタル環境を安全に保つ鍵となります。アプリの権限を理解することは、単なる設定の問題ではなく、自分のデータ、アイデンティティ、そして安心を守ることなのです。

Avaのストーリー:プライバシーの代償を学んだ瞬間

Avaは写真が大好きで、若いコンテンツクリエイターとして日々スマートフォンで撮影と編集を楽しんでいました。ある週末、アリゾナ旅行中に「ProFilter+」という無料の写真編集アプリを見つけ、何も考えずにすべての権限を許可してインストールしました。

数日後、スマートフォンのバッテリーが異常に早く減るようになり、本体も熱を持つようになりました。さらに不審な通知が表示され、不安を感じたAvaは設定を確認しました。すると、そのアプリがマイク、カメラ、位置情報、連絡先など、必要以上の権限を持っていることが判明しました。

調査を進めると、そのアプリはバックグラウンドでデータを外部サーバーに送信していました。友人に相談し、専門家の助けを借りてスマートフォンの設定を見直し、不要な権限をすべて削除しました。

この経験を通してAvaは、「便利さの裏には代償がある」ことを学びました。それ以来、彼女はアプリをインストールする前に必ず調査し、必要最小限の権限しか許可しないようになりました。

多くの人は、たった一度の「許可」でどれほど多くの情報を手放しているのかに気づいていません。しかしAvaはその代償を身をもって学び、二度と同じ過ちを繰り返さないと決意しました。

第3章：公共Wi-Fi、Bluetooth、位置情報追跡のリスク

常に接続された現代社会において、モバイルの利便性には代償があります。公共Wi-Fi、Bluetooth、位置情報サービスは生活を便利にするために設計されていますが、同時に気づかないうちに悪用される重大な脆弱性を生み出します。重要なのは、これらの仕組みがどのように機能し、どのように攻撃者や広告業者、さらには信頼しているアプリによって操作されるのかを理解することです。

まず、最も一般的で危険な脅威の一つである公共Wi-Fiから見ていきましょう。カフェ、空港、ホテル、ショッピングモールなどで提供される無料Wi-Fiは便利ですが、多くの場合セキュリティが不十分で、通信が暗号化されていません。そのため、メール、パスワード、クレジットカード情報などが簡単に傍受される可能性があります。さらに、攻撃者が「Free_WiFi」や「Starbucks_Guest」といった名前の偽ネットワークを作成し、接続したユーザーの通信を盗み取ることもあります。

こうした環境では「中間者攻撃（Man-in-the-Middle）」が行われることがあり、データの盗聴だけでなく、マルウェアの挿入や偽サイトへの誘導も可能になります。HTTPS通信であっても完全に安全とは言えず、偽の証明書やブラウザの脆弱性を利用されるケースも存在します。

次に、Bluetoothのリスクです。多くの人は利便性のためにBluetoothを常にオンにしていますが、これは常時信号を発信している状態でもあります。近距離にいる攻撃者が接続し、デバイスを操作したりデータを盗んだりする可能性があります。BlueBorneやBlueSnarfingといった攻撃では、ユーザーが何も操作しなくても侵入されるケースがあります。

使っていないときにBluetoothをオフにするだけでも、リスクを大幅に減らすことができます。特に空港や公共交通機関など人の多い場所では、常にオンにしておくべきではありません。

3つ目の重要なリスクは位置情報追跡です。スマートフォンはGPS、Wi-Fi、基地局を使って正確な位置を特定します。この機能は便利ですが、プライバシーの観点では大きな問題を引き起こします。多くのアプリは位置データを収集し、それを広告業者やデータブローカーに提供しています。

これにより、あなたの日常生活の詳細な行動パターン(仕事先、買い物場所、移動ルートなど)が記録される可能性があります。この情報は販売されたり、漏洩したり、場合によっては悪用されるリスクもあります。

対策としては、位置情報の権限を「アプリ使用中のみ」に設定し、不要なアプリのアクセスを無効にすることが重要です。また、正確な位置情報をオフにしたり、バックグラウンド更新を制限することで、追跡を最小限に抑えることができます。

さらに、モバイルVPNの使用も効果的です。VPNは通信を暗号化し、IPアドレスを隠すことで、第三者による監視や盗聴を防ぎます。ただし、無料VPNの中にはデータを収集するものもあるため、信頼できる有料サービスを選ぶことが重要です。

また、スマートフォンが自動的にWi-Fiに接続する設定も見直す必要があります。この機能は便利ですが、過去に接続した危険なネットワークに再接続してしまう可能性があります。

まとめると、スマートフォンの無線接続機能は便利である一方、重大なリスクも伴います。しかし、使い方を意識することで、デジタル上の足跡を減らし、不正アクセスのリスクを大幅に下げることができます。

Jordanのストーリー：銀行アプリが狙われた日

Jordanは世界を旅しながら働くフリーランスのデザイナーでした。カフェや空港で仕事をし、スマートフォンには契約書、銀行アプリ、パスワードなどすべてが入っていました。しかし彼は「便利さ」を優先しすぎていました。

タイのカフェで無料Wi-Fiに接続して仕事をしていたある日、彼の銀行口座から不正な取引が発生しました。原因は、正規のネットワークに見せかけた偽Wi-Fiへの接続でした。攻撃者は通信を傍受し、ログイン情報を盗み取っていたのです。

さらに、Bluetoothがオンになっていたため、追加の攻撃によってデータが抜き取られ、マルウェアが仕込まれていました。位置情報も記録され、彼の行動はすべて把握されていました。

その後、専門家の助けを借りて設定を見直し、VPNの導入や権限管理の徹底を行いました。彼はこの経験を通じて、利便性と引き換えにセキュリティを犠牲にしていたことに気づきました。

Jordanの教訓はシンプルです。接続性は力であると同時にリスクでもあるということ。そして、セキュリティとはすべてを遮断することではなく、「何を許可するかを賢く選ぶこと」なのです。

第4章：スマートフォンを守るための設定・ツール・ベストプラクティス

スマートフォンのセキュリティを高める第一歩は、考え方を変えることです。スマートフォンは単なるデバイスではなく、あなたのアイデンティティ、財布、そしてプライベートな生活そのものです。タップやダウンロードの一つひとつが、生産性を高めるチャンスにもなれば、悪用される入り口にもなります。しかし幸いなことに、現代のスマートフォンには強力な保護機能が備わっており、それらを正しく活用することが重要です。

まずはロック画面から始めましょう。これは最初の防御ラインです。4桁の暗証番号ではなく、6桁以上、もしくは英数字を組み合わせた強力なパスコードを設定してください。Face　IDや指紋認証などの生体認証は便利ですが、必ず強力なパスコードと併用する必要があります。また、メールや銀行アプリなどの通知をロック画面に表示しない設定にすることで、第三者に情報を見られるリスクを防げます。

次に、セキュリティアップデートを自動で適用する設定を有効にしましょう。AndroidやiOSは定期的に重要なセキュリティ修正を提供しています。更新されていないデバイスは、最も危険な状態にあると言えます。

見落とされがちなのがアプリの権限確認です。毎月、カメラ、マイク、連絡先、位置情報などへのアクセスを見直してください。そのアプリに本当にその権限が必要かを常に考え、不要なものは削除するか、「使用中のみ許可」に変更します。

データ保護のために、ストレージの暗号化も重要です。iPhoneでは通常デフォルトで有効ですが、Androidでは設定から確認し、可能であればフルディスク暗号化を有効にしてください。これにより、端末が盗まれてもデータへのアクセスが困難になります。

定期的なバックアップも欠かせません。暗号化されたクラウドバックアップやローカルバックアップを利用することで、万が一の際にもデータを復元できます。

メッセージのセキュリティも重要です。通常のSMSではなく、SignalやWhatsAppなどのエンドツーエンド暗号化アプリを利用しましょう。特にSignalはプライバシー保護に優れています。

また、公共Wi-Fiを利用する場合はVPNを使用してください。VPNは通信を暗号化し、第三者による盗聴を防ぎます。ただし、信頼できるサービスを選ぶことが重要です。

広告トラッキングの無効化も有効な対策です。これにより、あなたの行動データが収集されるのを抑えることができます。

さらに、AirDropやBluetooth、NFCなどの機能は使用していないときはオフにしましょう。これらは便利な反面、外部からのアクセス経路にもなります。

最後に、「iPhoneを探す」や「デバイスを探す」機能を有効にしておくことで、紛失や盗難時に遠隔操作でロックやデータ消去が可能になります。

これらの設定は30分ほどで完了しますが、長期的に大きな安心と安全をもたらします。スマートフォンはより安全で快適に使えるようになるでしょう。

Rileyのストーリー:気づきから始まるセキュリティ強化

Rileyは自分のiPhoneは安全だと思い込んでいました。しかし、セキュリティ講演に参加したことで、その認識が変わります。専門家がわずか数分でデバイスに侵入する様子を見て、彼女は危機感を抱きました。

帰宅後、彼女はすぐに設定を見直しました。弱いパスコードを強力なものに変更し、不要なアプリの権限を削除しました。また、位置情報やバックグラウンド更新を制限し、安全なメッセージアプリを導入しました。

さらに、Wi-Fi設定を見直し、VPNを導入し、Bluetoothを必要なときだけ使用するようにしました。広告トラッキングも無効にし、バックアップ設定も強化しました。

その結果、彼女のスマートフォンはより安全で快適なものになりました。そして彼女は毎月、自分のデジタル環境を見直す習慣を持つようになりました。

Rileyの変化は、「無知からの不安」を「知識による安心」に変えました。スマートフォンのセキュリティは難しいものではありません。小さな設定と習慣の積み重ねが、大きな防御につながるのです。

第5章：個人ファイル、写真、クラウドデータを保護する方法

スマートフォンは単なる通信手段ではなく、あなたの個人的な金庫のような存在です。写真、契約書、身分証明書のスキャン、財務記録、メモなど、膨大な重要情報が保存されています。その利便性ゆえに、これらのデータはサイバー攻撃や盗難の格好の標的となります。万が一これらの情報が漏洩すれば、個人情報の盗難、恐喝、経済的損失など深刻な被害につながる可能性があります。

まず最初に理解すべきは、データがどのように保存され共有されているかです。多くのユーザーはiCloud、Google Drive、Dropboxなどのクラウドサービスを利用していますが、これらも完全に安全ではありません。パスワードの使い回しや二要素認証の未設定は、大きなリスクとなります。

クラウドアカウントには、強力でユニークなパスワードを設定し、必ず二要素認証（2FA）を有効にしましょう。SMS認証よりも、認証アプリやセキュリティキーの使用がより安全です。

次に、共有設定を見直してください。過去に共有したファイルが今もアクセス可能な状態になっていることは珍しくありません。「リンクを知っている人は誰でも閲覧可能」といった設定は極力避け、不要な共有は削除しましょう。

重要なファイルはクラウドにアップロードする前に暗号化することが重要です。これにより、万が一アカウントが侵害されても、内容を読み取られることを防げます。

スマートフォン内では、専用のセキュアフォルダや保護アプリを利用して、写真や重要書類を安全に保管しましょう。生体認証やパスワードで保護された環境を使うことで、アクセスを制限できます。

写真の管理も重要です。自動バックアップを無効にしたり、機密性の高い写真は別の安全な場所に保存するなどの対策を行いましょう。

また、スキャナーアプリにも注意が必要です。多くのアプリがデータを自動でクラウドに保存するため、ローカル保存や暗号化に対応したものを選ぶことが重要です。

さらに、オフラインでのバックアップも忘れてはいけません。暗号化された外部ストレージに定期的に保存することで、クラウド障害やランサムウェアからデータを守ることができます。

アプリの権限にも注意を払いましょう。写真やファイルへのフルアクセスを要求するアプリは、本当に必要かどうかを慎重に判断する必要があります。

最終的に重要なのは、「自分にとって価値のあるものは他人にとっても価値がある」という意識です。財布やパスポートと同じように、デジタルデータも慎重に扱う必要があります。

Natashaのストーリー：奇妙なメールから始まった危機

Natashaはフリーランスの弁護士で、すべての業務をクラウドで管理していました。しかしある日、Googleから不審なログイン通知を受け取りました。最初は詐欺だと思いましたが、実際に不正アクセスが行われていたのです。

原因は、複数のサービスで同じパスワードを使い回していたことでした。さらに二要素認証を設定していなかったため、攻撃者に簡単に侵入されてしまいました。

彼女はすぐに対策を講じ、すべてのアカウントに2FAを設定し、重要なファイルを暗号化しました。また、スキャナーアプリや写真のバックアップ設定も見直しました。

最終的に、彼女はデータ管理の意識を大きく変えました。「重要なものは必ず守る」というシンプルなルールが、彼女のデジタル環境を大きく改善しました。

彼女の教訓は明確です。問題が起きてから対処するのではなく、事前に守ることが最も重要なのです。

第6章:モバイルでの安全なメッセージング、通話、ビデオチャット

テキストメッセージ、音声通話、ビデオチャットは、スマートフォンで最も頻繁に使われるコミュニケーション手段です。しかし、多くの人が気づいていないのは、これらの会話が必ずしもプライベートではないということです。標準のメッセージアプリや暗号化されていない通話、データを記録する通信事業者などにより、あなたのやり取りは思っている以上に露出しています。現代のデジタル社会において、通信の保護は贅沢ではなく必須です。

まずSMS(ショートメッセージ)から見ていきましょう。SMSは最も安全性の低い通信手段の一つです。メッセージは平文で送信され、通信事業者や攻撃者によって傍受される可能性があります。多くの国では、メッセージ内容や送信履歴が長期間保存されることもあります。機密性の高い内容には使用すべきではありません。

その代わりに、エンドツーエンド暗号化されたメッセージアプリを使用しましょう。これにより、送信者と受信者以外は内容を読むことができません。代表的なアプリには以下があります。

Signal:最も安全性が高いとされるアプリで、広告なし、メタデータも収集しません。メッセージ消去機能や暗号化通話にも対応しています。

WhatsApp:エンドツーエンド暗号化を使用していますが、メタデータ(誰といつ連絡したか)は収集されます。

Telegram：シークレットチャットでのみ完全な暗号化が有効です。
ThreemaやWire：企業や専門家向けの高いセキュリティを提供します。

音声通話やビデオ通話についても注意が必要です。通常の通話は暗号化されておらず、盗聴される可能性があります。安全な通話には、SignalやWhatsApp、FaceTimeなどの暗号化対応アプリを使用してください。

また、マイクやカメラの権限にも注意が必要です。一部のアプリはバックグラウンドでこれらにアクセスすることがあります。不要なアプリのアクセスは必ず無効にしましょう。

ZoomやGoogle　Meetなどのビデオ会議アプリも、必ずしも完全に暗号化されているわけではありません。機密性の高い会話には、より安全なツールを選ぶことが重要です。

さらに、使い捨て番号（バーナー番号）を利用することで、個人の電話番号を保護することもできます。

メッセージを利用した詐欺にも注意が必要です。攻撃者は信頼できる人物を装い、リンクのクリックや情報提供を誘導します。重要な依頼は必ず確認しましょう。

セキュリティを強化するために、2要素認証、PINコード、メッセージの自動削除機能なども活用してください。

また、バックアップにも注意が必要です。一部のアプリでは、クラウドに保存されたバックアップが暗号化されていない場合があります。必要に応じてバックアップを無効にするか、暗号化設定を確認しましょう。

安全な通信は、アプリ選びだけでなく、設定や習慣の積み重ねによって実現されます。

Lenaのストーリー：暗号化の重要性を学んだ経験

Lenaは調査報道を行うジャーナリストでしたが、SMSや通常の通話を使い続けていました。ある日、情報源から「監視されている可能性がある」と警告を受けます。

その後、専門家の助けを借りてスマートフォンを確認したところ、通信が暗号化されていないことや、マイクが不正に使用されていた可能性があることが判明しました。

彼女はすぐにSignalを導入し、すべての通信を暗号化しました。また、不要な権限を削除し、バックアップ設定も見直しました。

その結果、情報源を守りながら安全に取材を続けることができるようになりました。

Lenaの教訓は明確です。デジタル時代において、通信の安全性は自分で確保する必要があるということです。

第7章:モバイルアプリの罠、マルウェア、スパイウェアの脅威

すべてのモバイルアプリが見た目通りとは限りません。一見便利なツールやゲーム、エンターテインメントアプリのように見えても、裏ではデータを収集したり、追跡ソフトを仕込んだり、スパイウェアとして機能している場合があります。現代のスマートフォンは、開発者や攻撃者にとって宝の山であり、アプリのリスクを理解していないユーザーは監視や個人情報の盗難といった危険にさらされます。

まずは悪意のあるアプリについてです。これらは正規のアプリを装いながら、データの盗取やマルウェアのインストール、デバイスの乗っ取りを目的としています。サードパーティのアプリストアや怪しいサイトに多く見られますが、時には公式ストアに紛れ込むこともあります。懐中電灯や壁紙、QRコードスキャナーなどのシンプルなアプリを装いながら、過剰な権限を要求し、データを外部に送信します。

特に危険なのがスパイウェア(ストーカーウェア)です。これはユーザーに気づかれずに、位置情報、メッセージ、通話履歴、写真、マイクやカメラの情報まで監視するアプリです。短時間でも端末にアクセスできればインストールされる可能性があり、バックグラウンドで静かに動作します。

これらのアプリは「システムサービス」や「デバイスヘルパー」などの名前で偽装されることがあり、削除が難しい場合もあります。中には

「保護者管理」や「従業員監視」として販売されながら、不正に使用されるケースもあります。

対策として、まずインストール済みアプリを定期的に確認してください。見覚えのないアプリや不自然な権限を持つアプリはすぐに削除しましょう。また、デバイス管理者権限を持つアプリも確認することが重要です。

信頼できるセキュリティアプリ（Bitdefender、Malwarebytesなど）を導入することで、マルウェアやスパイウェアを検出できます。

アプリは必ず公式ストアからダウンロードし、開発者情報、レビュー、ダウンロード数を確認してください。レビューが不自然に良すぎる場合や、説明が曖昧なアプリには注意が必要です。

また、不要な権限を要求する無料アプリには特に注意してください。収益源がデータ販売である場合もあります。

さらに、不明なアプリのインストールを許可する設定は無効にしておきましょう。

スマートフォンの異常にも注意が必要です。バッテリーの急激な減少、発熱、データ通信量の増加などは、バックグラウンドで不正な動作が行われているサインかもしれません。

もし感染が疑われる場合は、バックアップを取った上で初期化（ファクトリーリセット）を行い、安全なアプリだけを再インストールしてください。

また、家族や周囲の人にも注意を促すことが重要です。特に子どもや高齢者は、リスクを理解せずにアプリをインストールしてしまうことがあります。

最も重要なのは「注意深さ」です。すべてのアプリはあなたのプライバシーを守るか、あるいは奪うかのどちらかです。信頼は簡単に与えるべきではありません。

Tashaのストーリー：便利なアプリに潜む危険

Tashaは教師として忙しい日々を送りながら、スマートフォンで生活を管理していました。ある日、便利そうな無料アプリを見つけ、何も疑わずにインストールしました。

最初は問題なく動作していましたが、次第にバッテリーの消耗や不審な挙動が現れました。調査の結果、そのアプリはスパイウェアであり、連絡先や位置情報、マイクデータなどを収集していたことが判明しました。

彼女はアプリを削除し、端末を初期化し、セキュリティ対策を強化しました。その後、アプリの選び方や権限の確認を徹底するようになりました。

この経験から彼女は、「便利さの裏にはリスクがある」という重要な教訓を学びました。そして、その知識を周囲の人々にも伝えるようになりました。

Tashaの体験は、最大の脅威が「役に立つもの」として現れることを示しています。注意と知識こそが、最も強力な防御なのです。

第8章：スマートフォンを紛失・盗難・押収された場合の対処法

スマートフォンを失うことは、もはや単なる不便ではなく、深刻なデジタル緊急事態です。紛失、盗難、または押収された場合、適切な対策がなければ、数分以内にあなたの個人情報が危険にさらされる可能性があります。連絡先、銀行アプリ、写真、メッセージ、SNSアカウント、文書、保存されたパスワードなど、すべてがアクセスされるリスクがあります。しかし、事前準備と迅速な対応によって被害を最小限に抑えることができます。

ステップ1：事前に備える

最も重要なのは、問題が起きる前の準備です。まず、リモート追跡と遠隔消去機能を有効にしましょう。

iPhoneでは「探す（Find My）」を有効にし、最後の位置情報送信もオンにします。

Androidでは「デバイスを探す（Find My Device）」を有効にします。

これにより、紛失時に位置確認、ロック、データ消去が可能になります。

また、ロック画面のセキュリティを強化しましょう。強力なパスコードを使用し、通知の内容表示やウォレット機能などのロック画面アクセスを制限します。

ステップ2:暗号化と自動消去

デバイスの暗号化は必須です。iPhoneではデフォルトで有効ですが、Androidでも必ず確認してください。

さらに、複数回のパスコード入力失敗でデータを消去する設定も有効です。

ステップ3:紛失・盗難時の即時対応

スマートフォンが見つからない場合は、すぐに行動してください。

・「探す」機能で位置を確認

・ロストモード(紛失モード)でロック

・必要であれば遠隔消去

・メールや銀行など重要なパスワードを変更

・通信会社に連絡してSIMを無効化

・警察へ届け出(IMEI番号を含む)

ステップ4:押収や検査への備え

海外渡航や特定の状況では、端末が検査される可能性があります。

・生体認証ではなく強力なパスコードを使用

・暗号化メッセージアプリを利用

・必要に応じてクラウド同期を一時停止

・旅行用にデータを制限した別端末を使用

ステップ5:回収後の対応

端末を取り戻した場合でも、完全な安全確認が必要です。

・不正アクセスの確認

・すべてのパスワード変更
・必要に応じて初期化
・アプリと権限の再確認

追加対策:端末情報の記録

IMEI番号、機種情報、購入情報、バックアップを安全に保管しておきましょう。

まとめとして、スマートフォンは最も重要な個人資産の一つです。事前の対策が、将来の損失やストレスを大きく減らします。

Rajのストーリー:紛失から学んだ教訓

Rajはある日、帰宅途中にスマートフォンを失くしました。そこには銀行情報や仕事用の認証情報など、すべてが入っていました。

しかし彼は事前に設定していた追跡機能を使い、すぐに端末をロックし、最終的には遠隔消去を実行しました。その後、すべての重要なパスワードを変更し、SIMを停止しました。

この経験から、彼はセキュリティ対策をさらに強化し、より安全な使い方を実践するようになりました。

彼の教訓はシンプルです。スマートフォンはただの道具ではなく、人生そのものを詰め込んだ存在であり、それを守る責任は自分にあるということです。

第9章:家族と子どものためのモバイルセキュリティ

現代のつながった社会において、モバイルデバイスは家族生活の一部となっています。子どもたちは学校の課題、娯楽、コミュニケーションのためにスマートフォンやタブレットを使用していますが、その一方で、オンライン上の危険にもさらされています。オンラインの捕食者、不適切なコンテンツ、いじめ、依存、データ追跡、プライバシー侵害など、リスクは現実的で深刻です。保護者として、子どものデジタル環境を守ることは非常に重要な責任です。

まずはリスクを理解することが重要です。子どもは単なる利用者ではなく、ターゲットにもなり得ます。アプリ、広告、SNS、さらには他のユーザーによっても影響を受ける可能性があります。個人情報の共有やリンクのクリックなど、何気ない行動が危険につながることを理解していないことが多いのです。

最も重要なのは「コミュニケーション」です。スマートフォンの使用は責任を伴うものであることを子どもに説明し、危険についてオープンに話しましょう。監視ではなく、サポートであることを伝えることで信頼関係が築かれます。

次に、ペアレンタルコントロールを活用します。
iOSでは「スクリーンタイム」を使用し、アプリ制限やコンテンツ制限を設定できます。
Androidでは「Family Link」を使用して、利用時間やアプリの管理が可能です。

GoogleやYouTubeのセーフ検索を有効にし、必要に応じて子ども向けアプリを利用することで、適切なコンテンツのみを表示できます。

また、データプライバシーについても教育することが重要です。名前、住所、学校などの個人情報を共有しないように教え、アプリがどのようにデータを収集するかを理解させましょう。

位置情報の共有は最小限に抑え、BluetoothやAirDropなどの機能も必要なとき以外は無効にします。

オンラインいじめについても話し合い、問題があればすぐに相談できる環境を作ることが大切です。

スクリーンタイムのルールも設定しましょう。使用時間や使用場所(寝室など)を制限することで、健康的なバランスを保つことができます。

また、使用状況の確認は管理ではなくサポートとして行い、子ども自身が自己管理できるように促します。

さらに、物理的なセキュリティも重要です。
・強力なパスワードの設定
・アプリ購入の制限
・ソフトウェアの更新
・重要データは保護された別のデバイスで管理

そして何より、親自身が模範となることが重要です。プライバシー意識やデジタル習慣は、子どもが見て学びます。

最終的な目標は、子どもをインターネットから遠ざけることではなく、安全に使えるように教育することです。信頼とルールのバランスが鍵となります。

Monicaのストーリー:家族のための安全対策

Monicaは10歳の息子にスマートフォンを持たせましたが、すぐに問題に気づきました。知らない人との通話や、不適切なアプリの使用が見られたのです。

彼女はすぐに対策を取り、Family　Linkを導入し、アプリの制限や使用時間の管理を行いました。また、子どもとプライバシーや安全について話し合い、ルールを決めました。

その結果、息子は安全にスマートフォンを使えるようになり、自ら考えて行動するようになりました。

Monicaの経験は、テクノロジーだけでなく「対話」が重要であることを示しています。適切な知識とサポートがあれば、子どもたちは安全なデジタル社会の一員として成長することができるのです。

第10章：モバイルセキュリティの未来—トレンド、脅威、そして先を行くための方法

モバイルセキュリティはもはや選択肢ではなく、常に進化し続ける必須の要素です。スマートフォンが生活のあらゆる場面に深く関わるにつれて、それを狙う脅威もより高度で、持続的で、目に見えにくいものになっています。未来を理解することは、攻撃者や監視システムより一歩先を行くために不可欠です。

まず大きな変化として、人工知能（AI）の進化があります。サイバー犯罪者はAIを使ってフィッシング攻撃を自動化し、リアルな偽メッセージや音声・動画（ディープフェイク）を作成し、より精密な攻撃を行うようになります。一方で、防御側もAIを活用し、異常行動の検知やリアルタイムの脅威防止を実現しています。

次に注目すべきは「ゼロクリック攻撃」です。これはユーザーの操作なしに感染する攻撃で、メッセージや着信だけでマルウェアが実行される可能性があります。非常に危険ですが、OSの更新や不要機能の無効化でリスクを減らすことができます。

さらに、スパイウェアや監視ツールの高度化も進んでいます。これらは国家レベルだけでなく、個人や企業にも利用される可能性があります。対策として、セキュアなハードウェアやプライバシー重視のOSが重要になってきます。

生体認証も進化しています。指紋や顔認証に加え、行動パターンや音声などを使った認証が普及しつつあります。しかし、これらは利便性と引き換えにプライバシーの課題も抱えています。

また、デジタルウォレットやモバイルIDの普及により、スマートフォンは身分証明書や財布の役割も担うようになります。そのため、紛失やハッキングのリスクはさらに大きくなります。

5Gの普及により接続性は向上しますが、その分攻撃対象も増えます。スマート家電や車など、スマートフォンと連携する機器が増えることで、ネットワーク全体が新たな攻撃対象となります。

将来に備えるためのポイントは以下の通りです。
・常に最新の情報を学ぶ
・不要なデータやアカウントを削減する
・多層的なセキュリティ対策を行う
・オフラインバックアップを保持する
・個人情報の管理を徹底する
・定期的に設定を見直す

モバイルセキュリティの未来は、すべてのリスクを排除することではなく、賢い選択と習慣を持つことにあります。見えない脅威に対しては、意識こそが最大の防御です。

JulianとMayaのストーリー:未来に備える家族

JulianとMayaは家族全員でデバイスを使う家庭でしたが、あるドキュメンタリーをきっかけにセキュリティを見直しました。

彼らはすべてのデバイスを更新し、暗号化されたメッセージアプリを導入し、セキュリティキーを設定しました。また、広告追跡や位置情報の共有も制限しました。

子どもたちにもプライバシー教育を行い、デジタル習慣を改善しました。その結果、家族全体が安全なデジタル環境を築くことができました。

彼らの教訓はシンプルです。セキュリティは一度設定すれば終わりではなく、日々の習慣として続けるものです。

セキュリティは目的地ではなく、実践である

私たちは、スマートフォンが単なるツールではない世界に生きています。それは私たち自身のデジタルな延長であり、どこへ行くのか、誰と話すのか、何を検索するのか、どのようにお金を使うのか、さらには誰にも見られていないときに何を考えているのかさえ把握しています。だからこそ、私たちの家や家族、そして個人のアイデンティティと同じレベルの緊急性、警戒心、そして配慮をもって守らなければなりません。

本書を通じて、ロック画面の設定から暗号化されたメッセージ、アプリ権限の見直しからスパイウェアやリモート攻撃の検知まで、モバイル保護のあらゆる層を学んできました。そして今、脅威は必ずしも脅威らしく見えないということも理解しているはずです。それらはしばしば「便利さ」や「無料ダウンロード」、あるいは変更されていない初期設定として現れます。

また、セキュリティの目的は恐怖や不安を生み出すことではなく、「自由」を手に入れることであるということも理解しました。デバイス、データ、そしてデジタル習慣を自分でコントロールすることで、より自信と明確さ、そして安心感を持って日常を過ごすことができます。

あなたは次のことを学びました:

・スマートフォンを安全にするための適切な設定

・真のプライバシーを守るメッセージングやビデオツールの選び方

・写真、ファイル、クラウドデータを漏洩から守る方法

・悪意のあるアプリの見分け方と削除方法
・盗難や紛失などの緊急事態への備え
・家族や子どもに安全な使い方を教える方法
・未来の脅威に備えるための習慣と知識

そして何よりも重要なのは、セキュリティはゴールではなく「継続的な実践」であるということです。技術が進化する中で、設定を見直し、ツールを更新し、知識を学び続ける必要があります。今日安全なものが、明日も安全とは限りません。しかし正しい考え方を持っていれば、どんな変化にも対応できるでしょう。

Cyber Shield Academyシリーズは、まさにそのために存在しています。情報過多や監視が当たり前の時代において、本物のデジタルリテラシーを身につけるためのサポートを提供します。

この知識を学ぶ決断をしてくれて、ありがとうございます。本書が役に立ったと感じたなら、ぜひ大切な人にも共有してください。友人、家族、子ども、同僚など、デジタルセキュリティはすべての人に関係するものです。あなたが意識を広めることで、自分だけでなく、周りの人々も守ることにつながります。

常に注意を怠らず、プライバシーを守り続けてください。そして忘れないでください。あなたのポケットの中には大きな力がありますが、同時に大きなリスクも存在しています。その両方をしっかり守りましょう。

www.ingramcontent.com/pod-product-compliance
Lightning Source LLC
LaVergne TN
LVHW022030200926
848481LV00007B/2634